NOTICE

SUR

LES AUTELS ET LES TOMBEAUX

DES ANCIENS PEUPLES

DU NORD DE L'EUROPE;

Lue aux première et troisième Classes de l'Institut,
en 1811,

PAR M. LE BARON PERCY,

Commandant de la Légion d'honneur, Membre de
l'Institut, Chirurgien-Inspecteur-général des armées
françaises, etc.

PARIS,

DE L'IMPRIMERIE DE J. B. SAJOU,

Rue de la Harpe, n.º 11.

1811.

NOTICE

SUR

LES AUTELS ET LES TOMBEAUX

DES ANCIENS PEUPLES

DU NORD DE L'EUROPE;

Lue aux première et troisième Classes de l'Institut,
en 1811,

PAR M. LE BARON PERCY,

Commandant de la Légion d'honneur, Membre de
l'Institut, Chirurgien-Inspecteur-général des armées
françaises, etc.

———

PARIS,

DE L'IMPRIMERIE DE J. B. SAJOU,
Rue de la Harpe, n.° 11.

1811.

Extrait du Magasin Encyclopédique, Numéro
de Mai 1811.

NOTICE

Sur les Autels et les Tombeaux des anciens Peuples du nord de l'Europe (1).

Ce fut dans les environs de Stade, près de l'embouchure de l'Elbe, que nous observâmes, pour la première fois, en 1805, les tombeaux des anciens peuples de cette contrée, que l'on peut considérer comme des monumens de l'antiquité la plus reculée. Cette partie du pays d'Hanovre, ensuite le Holstein et le Danemarck, sont les lieux où nous en avons rencontré en plus grand nombre. Nous en avons vu quelques-uns en Prusse et en Pologne. Ils sont très-rares dans l'intérieur de l'Allemagne. Nous n'avons pas besoin de rappeler que la description de cette espèce de monument se trouve dans le Voyage de Pennant en Ecosse, dans l'Histoire de la Religion des Cimbres par Trogillus Arnkiel, dans Vormius Saxo, dans le Voyage de Faujas de Saint-Fond en Angleterre, aux Iles Hébrides, et dans d'autres ouvrages.

Mais, ce que nous ne devons pas oublier

(1) **M.** le Docteur Gaillardot, l'un des médecins de l'armée, étoit du voyage.

de dire, c'est que nos excursions archæologiques n'ont été, pour nous, que des distractions passagères, dont la guerre nous donnoit l'occasion et la facilité, et que la tristesse de nos occupations nous rendoit de temps en temps nécessaires; et que c'est comme de simples et foibles amateurs que nous en parlons aujourd'hui.

La moitié septentrionale du pays d'Hanovre est un terrein aplati qui ne s'élève guères qu'au niveau de la mer. On y distingue trois sols différens, 1.° les *marsch*, qui sont des terres grasses, et qui bordent les fleuves et les rivières : c'est la partie la plus fertile et la plus habitée; 2.° les tourbières qui y sont assez fréquentes; et 3.° les bruyères qui y occupent une trop grande étendue : c'est presque toujours dans cette dernière partie que l'on rencontre les amas de pierres recouvertes du même sable et des mêmes bruyères que le terrein environnant, et qui sont l'ouvrage des anciens habitans. Pour peu que l'on fouille, l'on voit paroître des blocs de granit de diverses grosseur et espèce, ayant servi autrefois à élever des autels et des tombeaux que l'on ouvre encore aujourd'hui pour y prendre des matériaux propres à la construction des grands édifices, et aux fondemens des habitations ordinaires.

Il est assez difficile de distinguer les autels

d'avec les tombes. Les premiers ont cependant peu de regularité, et ordinairement
ils sont surmontés d'une pierre plate, sur laquelle sont quelquefois gravés et assez bien
conservés, des caractères runiques. Ils ne
renferment jamais rien. Ainsi que les tombeaux, ils sont situés sur la crête des collines
de sable qui sont les lieux les plus élevés de
ces contrées. Au rapport d'Hérodote, les anciens Perses faisoient leurs sacrifices sur le
sommet des plus hautes montagnes; ce fut
là que Dieu ordonna à Abraham de lui faire
celui de son fils. Toutefois les énormes pierres
consacrées à la mémoire des principaux guerriers, ou des chefs des hordes sauvages et
anciennes de ces régions, ont pu aussi servir
d'autels; car, sous quelques unes, on a trouvé
de ces couteaux en pierre alors usités dans
les sacrifices, et le plus grand nombre res-
semble aux pierres plates que nous avons
annoncé recouvrir les autels proprement dits.

Autel et haut lieu sont des termes syno-
nymes. Ceux des anciens Chinois étoient
aussi placés sur de hautes montagnes; il n'en-
troit dans leur composition que quatre
grandes pierres; on les appeloit *tan*.

C'étoit en plein air, sur des lieux élevés,
et ordinairement au plus haut des montagnes,
que tous les peuples de l'antiquité rendoient
leur culte aux Dieux qu'ils avoient adoptés,

soit en leur immolant des victimes, tantôt humaines, tantôt choisies parmi les animaux, soit en leur offrant d'innocentes libations de lait et de miel. Les premiers Perses n'eurent point d'autels ni de temples, jusqu'à l'époque où ils joignirent le culte des élémens à celui des astres. *Il est inutile*, dit CICERON, *d'enfermer ceux pour qui rien n'est caché dans l'Univers.*

Un antiquaire de Fleusbourg nous proposa de faire ouvrir, à frais communs, une de ces éminences qu'il présumoit être le tombeau de Hyarn (*Hyarnus Schaldrus*) treizième Roi de Danemarck, dont les chants poétiques ne sont point encore oubliés dans le pays. Non loin de cette éminence, on en voyoit une plus petite, que les habitans croyent être le tombeau de la reine. Leur forme, leur isolement et leur grandeur, nous portèrent à croire que ce n'étoient point là des sépultures de souverains, et que ce ne pouvoit être que des autels; d'ailleurs il est, près d'*Horsem*, une petite île à laquelle on a donné le nom d'Hyarn, et où l'on dit de même que ce Roi fut enterré, après avoir été tué en combat singulier, par Fridlevo, l'an 19; néanmoins nous nous décidâmes et consentîmes aux recherches qu'on nous avoit proposées. Ce fut la plus haute des élévations que nous entreprîmes de fouiller. Elle avoit 160 pas de tour, et environ 12 pieds de hauteur. Sa forme étoit un peu ovale ; il y avoit, à son sommet, un enfoncement qui pouvoit faire présumer qu'on en avoit retiré une grande pierre. Elle étoit toute composée de terre que nous fîmes infructueusement remuer, et dans laquelle, à 10 pieds de profondeur, nous trouvâmes seulement quelques morceaux de bois qui sembloient avoir été travaillés, et que le contact de l'air rendit extrêmement noirs en peu d'instans. Ce n'étoit pas autre chose qu'un de ces tertres qu'on avoit coutume jadis d'élever pour conserver la mémoire d'une grande bataille, ou de tout autre événement remarquable.

Nous avons vu, en plusieurs endroits du Nord, les trois autels rapprochés, du Thor, d'Odin et de Freya sur lesquels, aux jours de grandes fêtes, et dans les grandes nécessités, on fit autrefois couler avec tant d'abondance le sang humain. C'étoit en particulier l'usage des anciens habitans de ces contrées. En Suède, une épouvantable disette ayant duré pendant trois années, on essaya, la première, d'apaiser le courroux des Dieux, en leur sacrifiant des bœufs ; la seconde, on leur offrit des victimes humaines ; et la troisième, on leur immola le roi Domald.

Le roi Barald, accablé par une guerre désastreuse, fit périr sur les autels, ses deux fils. Hagen-Jarl, qui gouvernoit en Norwège, se trouvant dans une situation pareille, fit éprouver le même sort à l'un des siens, croyant rendre enfin le Ciel contraire aux Danois et aux Vandales, ses implacables et heureux ennemis.

Les tombeaux que nous avons observés dans le pays d'Hanovre et dans le duché de Schleswig étoient formés de cinq ou six pierres arrangées en rond, et au milieu desquelles étoit une urne de terre grossièrement tournée, et contenant des cendres. Ces pierres, qui pouvoient avoir six ou sept décimètres de diamètre, étoient recouvertes par une autre d'une grosseur et d'un poids si extraordinaires, qu'on a peine à concevoir comment les hommes de ce temps-là ont pu remuer des masses semblables, sans connoître les moyens que nous employons aujourd'hui. La position de ces tombeaux sur les lieux les plus élevés, les fait, de loin, paroître plus grands encore, et ils ressemblent assez à autant de petites montagnes. Tous ne sont pas construits de la même manière; quelques-uns le sont de pierres moins grosses et sans arrangement. D'autres, beaucoup plus considérables, ont, à l'intérieur, une forme carrée. C'est dans ceux-ci que l'on déposoit, dans toute leur longueur, les corps qu'on n'avoit pas voulu, ou que ce n'étoit pas l'usage de brûler. On trouve, dans presque tous ces tombeaux, des armes, des débris d'armures, des pierres taillées en couteau, en hache, en pointes de lance, tels que nous en mettons sous les yeux de la Classe, pour qui ces objets ne sont rien moins que nouveaux.

Les Cimbres, dans les temps les plus anciens, enterroient leurs morts. La coutume de les brûler ne remonte qu'à l'époque où Odin vint parmi eux. *Odin, Othen,* que l'on a encore appelé *Wade,* fut chassé de l'Asie, alors au pouvoir du grand Pompée, environ 24 ans avant l'ère chrétienne. Il se réfugia au nord de l'Europe, dans le Jutland, et conquit ensuite tout le Danemarck, la Norwège et la Suède. Les Vandales, dont les habitans du Holstein faisoient partie, et les peuples du nord du pays d'Hanovre, que l'on nommoit *Cauci, Chauci* ou *Cauchi,* pouvoient bien aussi appartenir aux États de ce fameux Odin, qui voulut qu'on distinguât la sépulture des grands seigneurs par une haute colline de terre, et celle des autres morts par une pierre plate avec une inscription.

Quoiqu'on ait, en général, fixé au règne d'Odin l'époque où l'on commença, dans son vaste Empire, à brûler les corps, on trouve cependant dans quelques auteurs, que Dan, second du nom, qui régnoit 262 ans avant Jesus-Christ, ne voulut point que le sien fût livré aux flammes après sa mort, et qu'il fit promettre, avec serment, qu'on le déposeroit dans un tombeau pratiqué sous un amas colossal de terre, avec ses armes, ses ornemens royaux, ses chevaux et ses effets les plus précieux.

La première coutume des Cimbres fut d'enterrer leurs morts. Ils n'accordoient les hon-
neurs du bûcher qu'aux chefs de l'Etat et aux
guerriers; et parmi eux l'usage de l'incréma-
tion, devenu peu-à-peu commune à toutes les
classes, s'étoit conservé jusqu'au temps où ils
embrassèrent le Christianisme. On sait que dès
le quatrième siécle il avoit été aboli chez les
Romains.

Les tombeaux de cette ancienne nation sont
connus, dans le Nord, sous différentes dé-
nominations. Dans le Danemarck, on les appelle
Riesen graber, *Riesen betle*, tombeaux du
Géant, lits du Géant. Le peuple croit qu'il
n'y a que des Géants qui aient pu mouvoir et
placer les énormes pierres dont ils sont formés.

Dans le nord du pays d'Hanovre, ils sont
nommés *Hunen-Bed* ou *Hunen-Graber*, lits ou
tombeaux des Huns. M. Lambrun fait dériver
le mot *Hunen-Bed*, du breton *Hun*, sommeil, ou le dormant, et de *Bez* lit, ou tombeau du sommeil ou du dormant. Mais il
nous semble plus probable que *Hunen* signi-
fie *Huns*, et l'histoire de ces barbares vient
à l'appui de notre conjecture. En effet les Huns
ont porté leurs armes et leurs ravages jusques
dans ces légions. Ils furent défaits en l'an 70,
dans la province de Smolandie en Suède par
les Goths si puissans alors et déja si civilisés.
On montre encore, dans cette province, le

tombeau d'un roi Huns, autour duquel on voit une grande quantité de pierres très-grosses, les unes debout, les autres abattues, sans ordre et vraisemblablement sans dessein; et les pierres passent pour avoir couvert ou indiqué la sépulture des Huns qui furent tués auprès du village d'Hunnaber, auquel la défaite de leur armée a fait donner ce nom.

Les Huns ravagèrent une grande partie de l'Allemagne au commencement du neuvième siécle; mais il y avoit alors près de cinq cents ans qu'on n'y brûloit plus les corps, et nos *tumulus* sont d'une date bien antérieure.

En Séelande ils sont appelés *Banten-Steener;* dans le Smoland, *Kong-Stolen, Konigs-Bakern;* en Ecosse *Moat-More,* et *Riesen-Betl* dans le Brandebourg. Tout près de nous, dans le pays de Trèves, on leur donne le nom de *Tonnen,* et quelquefois celui de *Teufels-keller,* tonneau ou cave du Diable. Ce sont, en France, des tombelles, et ce mot est le plus raisonnable de tous.

A deux lieues de Stade, et sur une ligne d'environ une demi-lieue, nous en avons compté près de 150, plus ou moins éloignés les uns des autres. On présume que c'est un ancien champ de bataille où l'on avoit brûlé les corps des chefs et des princes morts les armes à la main, et où l'on avoit simplement enterré les soldats et les guerriers des dernières classes, comme cela se pratiquoit parmi la plupart des peuples du nord. La grandeur et l'élévation de ces tertres annoncent le rang des personnages dont ils couvrent la cendre. Les plus élevés et les plus massifs, dans lesquels on trouve des pierres de dimension extraordinaire, appartiennent aux rois et aux chefs principaux. Nulle part nous n'avons trouvé une aussi grande quantité de ces tombeaux que dans les pays dont le terrein de sable et de bruyère s'élève à peine au dessus du niveau de la mer, dans le nord du pays d'Hanovre, dans le Danemarck, en Prusse et en Pologne. A défaut de moyens ou de matériaux pour ériger des pyramides et des autres monumens, et voulant pourtant laisser un souvenir durable de leur existence, tous les peuples septentrionaux avoient recours aux collines de terre, telles que nous les voyons aujourd'hui, et ils les établissoient presque toujours au milieu de la campagne. On croit même qu'ils cultivoient, dessus et à l'entour, des arbres et des fleurs, à l'exemple de la plupart des autres peuples contemporains, et comme on le fait encore, de notre temps, dans quelques contrées, où, plus d'une fois, au milieu des bosquets fleuris, parmi des sarcophages consacrés par le sentiment d'accord avec le bon goût, et dans des jardins dont l'art avoit su déguiser la triste destination, nous avons fait de ces promenades mélancoliques qui plaisent tant à la douleur, et qui invítent si puissamment au recueillement et à la réflexion.

En l'an 891, au nord-ouest de Fleusbourg, entre les villages de *Waldmarttofft* et *Haraldée*, les deux puissans rois de Danemarck, *Regner* et *Harald*, se livrèrent une bataille sanglante, dans laquelle le dernier fut tué. Son corps ayant été enterré sur la place même, le terrein prit depuis et a conservé le nom de *Haraldée*. On y voyoit encore, il n'y a pas très-longtemps, son *tumulus* entouré de plus de cent autres moins considérables.

Près de Schleswig, au lieu où le fils du roi *Regner* combattit *Eric* et tua *Sivard*, on rencontre également une multitude de ces collines de terre, dont une, qui domine toutes les autres, a dû être le tombeau du prince qui perdit la vie dans cette action.

Les premiers Grecs, les anciens Latins, et depuis eux les Scythes et quelques Tartares, amonceloient la terre sur la sépulture de leurs héros ou de leurs chefs. Les tombelles des environs d'Abbeville, celles de Sens et du voisinage de Bourges, etc., attestent que les compagnons de César avoient conservé cet usage, et que les Francs et les Gaulois le connoissoient également.

M. Volney, en parlant des Sauvages de l'Amérique Septentrionale, dit, que l'on ne cite, dans toute cette partie, le Mexique excepté, aucun monument ni vestiges d'une antiquité quelconque, ni édifices, ni murs en pierres taillées ou sculptées, qui annoncent des arts anciens. Tout se réduit à des buttes, ou *tumulus*, servant de tombeaux à des guerriers, et dans lesquelles l'on a trouvé mêlés avec quelques os, des haches, des flèches et des arcs de Sauvages. Ces buttes sont hautes de 40 pieds, et figurées en cône. Le général *Sinclair*, ayant fait scier l'un des plus gros arbres implantés sur leurs sommets, y a compté au delà de 432 couches de végétation; ce qui, à raison d'une couche par année, reporteroit la date de la construction à 1300 ou 1350.

Au lieu de terre, on entassoit dans quelques pays, des pierres sur la sépulture des personnages élevés en dignité; c'est ce qu'on appelle *Morai*, aux îles des Amis, et dans presque toutes les mers du sud, dont les habitans n'ont pas d'autres autels pour leurs sacrifices, et pour exposer les crânes des infortunés qu'ils y ont égorgés. Cook s'étoit fait montrer la *Morai* de plusieurs de leurs rois.

Le Maire a trouvé, sur une montagne de l'île du Roi, à l'entrée du détroit de Magellan, de ces morceaux de pierre sous lesquels il y avoit des squelettes humains.

Nous ne dirons rien de ces deux montagnes

artificielles de 200 palmes de haut, que Careri a visitées à peu de distance de Mexico, et qui renferment les corps des souverains du pays, tandis que ceux des seigneurs mexicains sont sous de simples tas de pierres dans les environs.

Les Eskimaux ont aussi leurs tombelles en pierres. On voit, dans l'île d'Anglesey, d'énormes pierres soutenues sur d'autres. Celle d'en haut est ordinairement la plus grosse; on donne à ces monumens, le nom de *Cromlechs*. Quelques antiquaires pensent, non sans vraisemblance, que ce sont des autels des anciens Druides. Mais on est également fondé à croire avec d'autres, que ce sont des tombeaux qui ont été fouillés, et dont la terre et les pierres moins grosses qui les composoient, ont été emportées, soit accidentellement, soit par le besoin qu'ont eu de ces matériaux les propriétaires des lieux. *Pierre-Levée*, près de Poitiers, est un monument de ce genre.

Les monticules formées de pierres, de terre et de gazon, ne sont pas rares au sud du pays de Cornouailles, et surtout à Scilly. Les habitans, qui les appellent *Barrons* ou *Burrows*, croyent aussi qu'ils ont servi de tombeaux aux Géants. Les Hébrides en offrent encore un assez grand nombre.

Dans les environs de Cracovie sont deux collines faites de mains d'hommes, et qu'on y regarde comme les tombeaux du roi Cracus, fondateur de cette ville, en l'an 700, et de la princesse *Venda*, sa fille.

Nous avons trouvé Novogrodeck entouré de ces amas de pierres qu'on y appelle les tombeaux des Suédois.

Il existe au Cabinet des antiquités de l'Académie des sciences de Saint-Pétersbourg, une grande collection de bijoux et d'ornemens en or, qui ont été tirés des tombeaux au sud de la Sibérie; mais il paroît que leur date est récente, et qu'ils sont du temps de Genghiskan. Ceux qu'ont fournis les fouilles de Baikal sont plus anciens; on croit qu'ils ont appartenu aux Mongols, surtout les instrumens et les armes, qui sont tous en cuivre.

Une découverte assez singulière que nous avons faite dans les environs de l'abbaye de Kaysers-Cheim, près de Donawert, c'est celle de plusieurs petits vases d'argile, de différentes formes, ayant la plupart, un couvercle de la même terre, et renfermant chacun une dent molaire exempte de carie, et parfaitement conservée. Un jeune religieux, cultivant avec succès l'archæologie, et chez lequel nous avions vu un *supellex* curieux de jolis petits meubles en cuivre, recueillis dans des fouilles autour de la maison, nous ayant conduits auprès des ouvriers qu'il employoit encore à ces travaux, l'un d'eux nous présenta plusieurs de ces vases qu'il venoit de déterrer à trois pieds au plus de profondeur. Ils étoient brisés; mais la dent se trouvoit, dans tous, mêlée avec plus ou moins de limon, et ils ne contenoient pas autre chose. Des recherches ultérieures ont procuré, depuis nous, à notre amateur, plus de vingt vases pareils, sans qu'il ait pu en trouver la moindre trace, soit dans Tacite qui a si bien décrit les usages des anciens Germains, soit chez les antiquaires les plus éclairés de l'Allemagne. Nos archæologues n'en ont pas plus fait mention, quoiqu'il nous paroisse difficile qn'ils aient ignoré cette singulière espèce de monument. Mais du moins l'un d'eux, M. Mongez, aussitôt que nous la lui avons fait connoître, nous en a donné l'explication la plus satisfaisante. Selon ce savant collègue, le vase, avec la dent molaire, étoit comme un petit cénotaphe qui tenoit lieu de sépulture indigène, au corps des personnes mortes en terre etrangère ou lointaine. Ne pouvant pas rapporter tout entier ce corps, on en choisissoit la partie la plus facile à séparer, à conserver, et à faire voyager; et, prenant cette partie pour le tout, on accomplissoit sur elle les lois du pays, les devoirs de famille, et le ministère de la religion. Telle est l'opinion qu'a conçue au premier abord, M. Mongez, de nos petits vases, sur l'antiquité ou l'anciennete desquels il s'est abstenu de prononcer, présumant seulement qu'ils pourroient bien être du temps des Croisades, et contenir des dents de Croisés Teutons qui, en mourant chez les infidèles, auroient désiré que cette foible portion d'eux-mêmes fût inhumée dans leur terre natale et sainte.

La croyance des anciens sur les propriétés des dents nous présente une autre version qu'on nous permettra de hasarder ici. L'incorruptibilité de ces os les leur avoit fait regarder comme autant de germes de reproduction ; et c'est en ce sens qu'ils avoient adopté la fable de Cadmus semant des dents de dragon pour faire croître des soldats. Ils appeloient la dent le *seminarium immortalitatis ;* et Tertulien, en leur reprochant leurs erreurs, n'a pas oublié de citer celle - là : *corruptionis adeo sunt expertes (dentes), ut eos pro redintegrandi corporis seminario in resurrectione haberet antiquitas.*

Ne pourroit-il pas être arrivé que pour s'assurer le moyen de renaître un jour, quelques anciens, imbus de ce préjugé, eussent exigé qu'après leur mort et avant d'être portés au bûcher, une dent, et de préférence, une des plus grosses, leur fût arrachée, pour être déposée dans un vase, au fond de la terre, et y être trouvée saine et entière au jour marqué pour leur retour à la vie ?

Nous allons parler des vases, des armes et autres objets que contiennent les tombeaux des anciens peuples du nord de l'Europe.

On y rencontre le plus ordinairement des

vases de terre renfermant des cendres et des os
brûlés, parmi lesquels sont quelquefois mêlés
des instrumens et des ornemens en cuivre. Ils
sont couverts d'une pierre plate, et soutenus
par une autre sur laquelle on trouve des couteaux, des pointes de flèches, et des lames de
lance en silex, des haches en pierre, et plus
rarement en cuivre.

Au lieu de vases de terre qui sont les plus
communs, on en trouve en bronze, en ori-
calque, en alliage de cuivre, de zinc, et de quelques autres demi-métaux, et même en or, ce
qui n'arrive qu'à un très-petit nombre d'heureux explorateurs. Celles-ci paroissent avoir
renfermé les cendres des rois, et des habitans
les plus considérables. Nous les croyons d'une
moins haute antiquité que celles de terre, dont
les formes sont diversifiées à l'infini, mais toujours sans délicatesse et sans art.

Nous n'avons jamais vu d'instrumens de fer
dans ces tombeaux, soit que ce métal ne fût
point alors connu des peuples qui les ont construits, soit qu'il se fût décomposé avec le temps;
ce qui n'est pourtant pas arrivé aux fers de
lance, ni aux épées gauloises que nous avons
recueillis au fond de quelques tombelles à Pec-
quigny, et que nous possédons dans leur inté-
grité.

Ainsi que tous les anciens peuples, les Cimbres avoient une grande vénération pour les

tombeaux. Ils ne commencèrent à y toucher que quand ils eurent embrassé le Christianisme, et qu'ils voulurent bâtir des églises.

Ceux où l'on a trouvé des lampes funéraires, des haches d'armes de toutes espèces, des épées brisées, des lames de rasoirs, des couteaux, des agrafes, des strigiles et autres instrumens en cuivre, n'ont point appartenu aux Cimbres, mais aux Romains. A cette époque les Cimbres n'étoient point en état de travailler les métaux : autrement ils nous auroient laissé des preuves et des monumens de cette industrie. Les armes des Romains vaincus ont pu servir aux peuples vainqueurs dans ces contrées. Ce fut dans les environs de *Detmold*, vers les sources de la Lippe, que *Drusus* périt à la tête de son armée. *Quintilius Varus* accourut de Syrie pour le remplacer; mais les troupes allemandes, alliées des Romains, se révoltèrent, et *Herman* qui les commandoit défit complètement l'armée romaine. La plaine où se livra cette memorable bataille porte encore le nom de Champ des Romains, *Feldrom ;* et la forêt où *Varus* se retira pour se percer de son épée, a conservé celui de Bois de Varus, *Varen holz*. A *Varus* succéda, dans le même pays, *Germanicus* avec une armée nouvelle contre laquelle *Herman* appelé aussi *Herminius* et *Arminius*, à la tête des Bructères, des Chérusques, des Sicambres, des Cattes et des Suèves, se battit vaillamment. De sorte

que nous ne croyons pas que les épées rompues,
qui ont été trouvées dans les anciens tombeaux
situés dans le Schleswig, le Holstein et le pays
d'Hanovre, aient une autre origine. En voici
deux qui sont brisées en un même nombre de
fragmens et de fragmens presqu'egaux, comme
si on les eût cassées à dessein, pour avoir trahi
le courage et la fortune des guerriers. Celle qui
est encore pourvue de sa poignée a été tirée d'un
tombeau près de *Schleswig;* l'autre, qui a perdu
la sienne, provient d'une de nos fouilles près
de *Lunébourg*. Les deux vases de terre, exposés
à côté d'elles, sortent d'un tombeau à *Langlin-
gen* près de *Celle*. Ainsi que les épées, ils ont
dû appartenir aux Romains. Nous ne les croyons
pas lacrymatoires. Ils contenoient sans doute
les huiles et les parfums que les anciens jetoient
sur le bûcher, soit pour favoriser la combus-
tion, soit pour rendre honneur au mort. Il ne
seroit pas impossible qu'ils eussent été remplis
de quelque boisson. Les anciens peuples n'ou-
blioient pas de mettre des alimens dans les tombeaux. Les Vandales y portoient de la bierre et
de la farine. Aujourd'hui encore, les habitans
du Chili y déposent un morceau de brébis et une
cruche de chicka. Ils enterroient le mort avec
ce qui lui avoit servi pendant sa vie; l'artisan
avec les outils de son métier; le laboureur avec
le soc de sa charrue; les guerriers avec leurs
armes; les femmes avec leur miroir, leurs ai-

guilles à cheveux, leurs ciseaux, etc.; les objets les plus précieux n'étoient pas exceptés. En cela, il y avoit de la superstition, sans doute, mais il y avoit aussi du désintéressement. Les regrets étoient sincères, et la douleur véritable. On dit que, de nos jours, la fortune du riche console bientôt ceux qui en héritent, et l'on ne craint plus que les tombeaux soient fouillés.

On mettoit aussi, à côté des morts, des pièces de monnoie. Nous en avons vu d'argent, dans une urne, à *Leyre* en Séelande; elles portoient des caractères runiques. On en a trouvé, en Fionie, beaucoup en or, avec de pareils caractères. Il n'y a plus guères que les Chinois, que quelques Américains, et les Péruviens qui aient conservé cet usage. Les Israélites pratiquent encore cet acte religieux; mais ils ne croyent plus que les morts aient besoin de fortes sommes pour faire le voyage de l'autre monde, et ils se contentent de mettre dans leur bouche une pièce de peu de valeur.

Les guerriers septentrionaux avoient coutume d'enterrer leurs morts avec les armes mêmes qu'ils avoient portées. Les rois *Dan* et *Harald* le furent avec leur armure complète. *Frode-le-Grand* avoit accordé cet honneur à tout Danois, père de famille, qui auroit servi à la guerre. Le même usage avoit lieu chez les Suédois; on y enterroit le soldat avec son épée; le cavalier avec ses éperons;

l'arquebusier avec son arc et son carquois;
l'officier avec son casque et son gorgerin ou
hausse-col; le général avec toute son armure.
Aussi n'ouvre-t-on guères de tombeaux dans
ces pays, sans rencontrer quelques restes de
ces divers objets. Ce qu'on trouve le plus
fréquemment dans ceux des Cimbres, ce sont
des coins ou haches en pierre à fusil, et des
couteaux ou lames minces de la même pierre.
Ces instrumens sont presque toujours dans
l'urne même, et nous croyons qu'ils sont de
la plus haute antiquité. Après avoir essayé
d'en faire avec l'or et l'argent natifs auxquels
ils ne trouvèrent pas une dureté suffisante, les
premiers peuples durent recourir à la pierre,
et choisir celle qui étoit la plus propre, à tran-
cher ou percer. Les haches de pierre qui ont
été rapportées du Nouveau Monde, ont paru
à M. de Paw, tout-à-fait semblables, et pour la
forme et pour la matière, à celles qu'il avoit
vues en Allemagne. Cet instrument suffisoit seul
pour toutes les espèces de travaux. Il n'y a pas
bien longtemps encore que la hache tenoit lieu
aux charpentiers russes de tous les autres outils.
Les habitans de la terre de *Van-Diemen* n'en
ont pas d'autres pour fabriquer leurs armes,
leurs meubles, leurs vêtemens; et, avant la découverte de l'Amérique, le Caraïbe n'employoit,
pour façonner son arc, ses flèches, ses usten-
siles, son canot, que des cailloux tranchans,

qui ne cassoient point, mais qu'il falloit sans cesse aiguiser. Les Sauvages de l'Amérique Septentrionale étoient de même réduits à cette unique ressource, pour emmancher ces sortes de haches, ils coupoient la tête à un jeune arbre, y faisoient une entaille dans laquelle ils inséroient le dos de leur pierre qui, avec le temps, et par l'accroissement de l'arbre, s'y trouvoit fortement serrée. Ils se servoient aussi de liens, et il est des peuplades qui ont su découvrir une espèce de vernis ou de colle naturelle qui fait adhérer invariablement la hache à son manche. Avec de tels outils on ne pouvoit guères avancer l'ouvrage; c'est pourquoi, avant l'occupation du Kamschatka, par les Russes, les habitans de ce pays, qui ne connoissoient pas encore les métaux, mettoient, avec leurs coins de jaspe, et leurs ciseaux d'os de baleine, trois ans à creuser un canot, et un an à faire une table.

Le jaspe semble avoir été généralement préféré pour la confection des haches. Ce que Cook a pris pour du talc, chez les habitans de la Nouvelle Zélande, est un jaspe vert, ou un jade. Le talc ou serpentine n'est pas assez dur. C'est avec le jaspe ou le jade, que les Africains font ces petites pierres qu'ils enferment par une incision sous la peau du bras, pour guérir de l'épilepsie; moyen bizarre, sur l'empoi duquel le médecin-professeur

Alphonse Leroi, vient de provoquer l'atten-
tion et la curiosité de ses collégues. Les habitans de l'île des Amis se servent d'une pierre
noire et pesante, qui est une cornéenne.
Ainsi que tous les autres Sauvages, ils sont
très-attachés à leur hache avec laquelle ils se
coupent un doigt lorsqu'ils sont dangereu-
sement malades.

Nous avons trouvé, dans le Danemarck,
des pierres à fusil si grosses, et tellement taillées, que, selon toutes les apparences, elles
ont dû servir de couteaux aux anciens Danois. Dans la plupart des tombeaux du nord
de l'Europe, il est de ces couteaux de silex
pyromaque, avec ou sans manche; on en
voit même qui sont assez artistement faits : on
a trouvé une pointe de lance faite avec cette
pierre siliceuse, dans l'île d'Elbe, où du
temps des Romains les riches mines de feu
étoient déja exploitées; ce qui prouve l'ex-
trême antiquité de ce monument. Au reste,
quoique les Péruviens et les Mexicains con-
nussent ce métal, ils n'en fabriquoient pas
moins des instrumens de cuivre et de trois
sortes de pierres encore usitées aujourd'hui
dans les mers du Sud, et chez les Sauvages
de l'Orénoque. Ces pierres sont le jade et la
cornéenne noire, qu'on a souvent confondue
avec le basalte et l'obsidienne. C'est de celle-ci
qu'étoient faits ces rasoirs avec lesquels les

2 *

Espagnols se faisoient raser en Amérique,
et dont Cortès parle avec étonnement dans
une de ses Lettres à Charles V. Il y a au
Mexique, une montagne qu'on y appelle
Montagne des Couteaux, parce qu'on y
trouve l'obsidienne en grande quantité, et
que c'étoit là qu'on y fabriquoit ces instrumens avec une telle promptitude, que Her-
mandès vit des couteliers mexicains en faire
chacun plus de cent en une heure. L'obsidienne a la cassure et la solidité, à peu
de chose près, du silex pyromaque avec
lequel étoient construits les couteaux des
Druides et des anciens sacrificateurs. On
conçoit difficilement par quels procédés on
pouvoit tailler des lames si minces; il est
probable qu'on employoit à ce travail, des
instrumens faits de silex longtemps exposé à
l'air, et plus dur que celui qu'on tiroit à
mesure du sein de la terre.

C'est trop abuser de votre indulgence,
Messieurs; nous mettons fin à une Notice
qui a dû vous paroître bien longue et bien
irrégulière : mais nous sommes étrangers
dans le vaste champ que vous cultivez avec
tant de gloire et de succès. Il ne seroit
pas surprenant que nous nous y fussions
égarés.